PETITE
GRAMMAIRE FRANÇAISE

RÉDUITE

aux définitions et aux exemples les plus simples

A L'USAGE

DE LA PREMIÈRE ANNÉE DES ÉCOLES PRIMAIRES
ET DES CLASSES ÉLÉMENTAIRES

PAR

A. DE GRISY

Docteur ès lettres, Inspecteur d'Académie

DEUXIÈME ÉDITION REVUE ET CORRIGÉE

Cet ouvrage a été rédigé dans l'esprit
de la circulaire ministérielle du 18 no-
vembre 1871.

PARIS

CH. DELAGRAVE

LIBRAIRE

RUE DES ÉCOLES, 58

NIMES

LOUIS GIRAUD

LIBRAIRE-ÉDITEUR

BOULEVARD SAINT-ANTOINE

X

PETITE
GRAMMAIRE FRANÇAISE

RÉDUITE

aux définitions et aux exemples les plus simples

A L'USAGE

DE LA PREMIÈRE ANNÉE DES ÉCOLES PRIMAIRES
ET DES CLASSES ÉLÉMENTAIRES

PAR

A. DE GRISY

Docteur ès lettres, Inspecteur d'Académie

———

DEUXIÈME ÉDITION REVUE ET CORRIGÉE

———

Cet ouvrage a été rédigé dans l'esprit
de la circulaire ministérielle du 18 no-
vembre 1871.

———

PARIS
CH. DELAGRAVE
LIBRAIRE
58, RUE DES ÉCOLES, 58

NIMES
LOUIS GIRAUD
LIBRAIRE-ÉDITEUR
BOULEVARD SAINT-ANTOINE

1874

Par lettre en date du 14 septembre 1872, S. Exc. M. le Ministre de l'Instruction publique et des Cultes a bien voulu honorer d'un encouragement la GRAMMAIRE FRANÇAISE et les EXERCICES de M. de Grisy.

Paris. — Imprimerie VIÉVILLE et CAPIOMONT, rue des Poitevins, 6.

PRÉFACE

On a publié beaucoup de petites grammaires ; toutefois, on peut trouver que, sous cette forme abrégée, elles sont ou trop ou trop peu développées ; et c'est un défaut qui est commun à plusieurs d'entre elles de réduire presque à rien un livre qui pourtant doit suffire au plus grand nombre des écoliers. Nous avons essayé de mettre une juste mesure dans la rédaction de cette petite grammaire et d'échapper ainsi à un double écueil ; nous avons voulu qu'elle fût *comme une préparation à l'étude de la grammaire complète* ; pour cela, nous avons conformé exactement les définitions de l'une avec celles de l'autre, et, par une méthode naturelle, disposé dans le même ordre et le texte et les matières qui le composent.

Faut-il répéter les diverses observations que nous a inspirées l'expérience des faits pédagogiques ? Qu'il nous suffise de dire que nous avons travaillé, ici comme dans le reste de notre méthode, en vue de la clarté, en vue de la plus grande simplicité. Les esprits que cette grammaire a pour objet d'instruire sont, il ne faut pas l'oublier, de tout petits enfants, dont la plupart peut-être n'iront pas au delà de ce modeste rudiment. On voit de quelle conséquence est pour eux une petite grammaire où se trouve compris, sous la forme la plus nette, le peu qu'ils vont apprendre à l'école primaire. Et si l'on considère qu'avec le secours des *Exercices* (dont l'usage est si propre à fortifier les leçons de grammaire), l'enfant aura, pour le cours de ses premières études, une méthode suffisante et commode, MM. les instituteurs pourront éprouver moins d'ennui en voyant leurs élèves, dont on les sépare sitôt, emporter du moins de l'école un bagage, fort léger sans doute, mais qu'ils connaîtront à fond.

AVERTISSEMENT DE LA 2e ÉDITION

C'est par une plus grande clarté encore que cette 2e édition diffère de la première. Au reste, elle est et doit être une *simple préparation à l'étude de la grammaire complète*. Nous remercions MM. les Instituteurs et Maîtres de la jeunesse qui ont bien voulu nous tenir compte de notre bonne volonté, et considérer ce livre comme un essai nouveau et propre *aux seuls commençants* de nos écoles primaires.

PETITE

GRAMMAIRE FRANÇAISE

NOTIONS PRÉLIMINAIRES

Qu'est-ce que la grammaire ?

1. La GRAMMAIRE est l'ensemble des règles au moyen desquelles on apprend à écrire et à parler correctement.

De quoi se compose le langage écrit ou parlé ?

2. Écrit ou parlé, le *langage* se compose de *mots :* **Patrie, travail, vertu**.

De quoi se composent les mots ?

3. Les mots sont composés de *syllabes* qui elles-mêmes se composent de *lettres*. Ces dernières forment l'*alphabet*.

Combien y a-t-il de lettres en français ?

4. La langue française a vingt-cinq *lettres*, dont six sont des **voyelles** et dix-neuf des **consonnes**.

Quelles sont les voyelles ?

5. Les *voyelles* sont : a, e, i, o, u, y.

Pourquoi les appelle-t-on voyelles ?

6. On les appelle *voyelles* parce qu'elles forment par elles-mêmes un *son*, une *voix*.

Quelles sont les consonnes ?

7. Les *consonnes* sont : b, c, d, f, g, h, j, k, l, m, n, p, q, r, s, t, v, x, z.

Pourquoi les appelle-t-on consonnes ?

8. On les appelle *consonnes* parce que, n'ayant pas de *son* par elles-mêmes, elles ne peuvent en former un sans le secours des voyelles.

Qu'est-ce qu'une syllabe ?

9. Une *syllabe* est une voyelle qui, seule ou jointe à d'autres lettres (consonnes ou voyelles), se prononce par une seule émission de voix. (Voir nos *Exercices*, première année.)

Combien y a-t-il de sortes d'**e** ?

10. Il y a trois sortes d'**e** :

L'**e** muet (*e*) comme dans **vign=e**.

L'**e** fermé (*é*) comme dans **sant=é**, **ét=é**.

L'**e** ouvert (*è*) comme dans **progr=ès**, **succ=ès**.

Quelle est la nature de la lettre **h** ?

11. La lettre **h** est *muette* ou *aspirée*.

Quand est-elle muette ?

12. La lettre *h* est *muette* quand elle n'a aucun son et ne se prononce pas, comme dans l'*hommage*, l'*histoire*, qui se prononcent comme s'il y avait l'*ommage*, l'*istoire*.

Quand est-elle aspirée ?

13. La lettre *h* est aspirée quand elle empêche l'élision des voyelles, et fait prononcer du gosier la voyelle qui suit. Exemple : **La honte, le hameau.**

Combien y a-t-il d'accents ?

14. Il y a trois accents : l'*aigu* (') comme dans **santé, été.**

Le *grave* (`) comme dans **progrès, succès.**

Le *circonflexe* (^) comme dans **rôle, tête, fête.**

Quels sont les *signes orthographiques* les plus ordinaires ?

15. Ce sont : le *trait d'union* (-). Exemple : *Tout-Puissant, quatre-vingts.*

Le *tréma* (¨). Exemple : *naïf, ciguë, poëte.*

La *cédille* (ҕ). Exemple : *façon.*

L'*apostrophe* (') dont on se sert pour indiquer l'élision d'une voyelle. Ex : l'*Église*, l'*État*, l'*amitié.*

De combien d'espèces de mots se compose la langue française ?

16. La langue française se compose de *dix espèces* de mots, qu'on nomme aussi les dix parties du *discours.* Ce sont : l'**article**, le **nom** ou **substantif**, l'**adjectif**, le **pronom**, le **verbe**, le **participe**, l'**adverbe**, la **préposition**, la **conjonction** et l'**interjection.**

MOTS VARIABLES ET MOTS INVARIABLES.

Comment se divisent ces dix espèces de mots ?

17. Ils se divisent en mots *variables* et en mots *invariables.*

Qu'appelle-t-on mots *variables* et quels sont-ils ?

18. Les mots *variables* sont ceux dont la terminaison peut se modifier et *varier*. Ce sont : l'*article*, le *nom* ou *substantif*, l'*adjectif*, le *pronom*, le *verbe* et le *participe*.

Qu'appelle-t-on mots *invariables* et quels sont-ils ?

19. Les mots *invariables* sont ceux dont la terminaison ne *varie* point. Ce sont : l'*adverbe*, la *préposition*, la *conjonction* et l'*interjection*.

DISTINCTION DES GENRES ET DES NOMBRES.

Qu'est-ce que le *genre* ?

20. Le *genre* est la propriété qu'ont les noms ou substantifs de désigner l'un ou l'autre sexe.

Combien y a-t-il de genres en français ?

21. Il y a en français *deux genres :* le genre *masculin* et le genre *féminin*.

A quel signe reconnaît-on les noms du genre *masculin* ?

22. Sont du genre *masculin* les noms devant lesquels on peut placer *le, un, ce, cet : le* lion, *un* enfant, *ce* tigre, *cet* homme.

A quel signe reconnaît-on les noms du genre *féminin* ?

23. Sont du genre *féminin* les noms devant lesquels on peut placer *la, une, cette : la* lionne, *une* servante, *cette* femme.

Qu'est-ce que le *nombre?*

24. Le *nombre* est la propriété qu'ont les noms ou substantifs de désigner l'*unité* ou la *pluralité.*

Comment s'exprime l'unité en grammaire ?

25. L'unité (un, une) s'exprime en grammaire par le *singulier :* **un** *homme,* **une** *maison.*

Comment s'exprime la pluralité en grammaire?

26. La pluralité (plusieurs) s'exprime en grammaire par le *pluriel :* **les** *hommes,* **les** *maisons.*

CHAPITRE I

DE L'ARTICLE

Qu'est-ce que l'*article?*

27. L'*article* est un mot *variable* susceptible de *genre* et de *nombre,* et qui marque que le *nom* est pris dans un sens *déterminé.*

Combien y a-t-il de sortes d'articles ?

28. Il y a deux sortes d'articles : l'article *simple* et l'article *contracté* ou *composé.*

Qu'est-ce que l'article *simple* ?

29. L'article *simple* est un mot qu'on met devant le nom commun et devant certains noms propres : *le,* si le nom est *masculin; la,* si le nom est *féminin; les,* si le nom est *pluriel,* soit masculin, soit féminin. Ex. : *le lion, la lionne, les lions, les lionnes; la France, la Meuse.*

1.

Qu'est-ce que l'article *contracté* ou *composé* ?

30. Quand l'article masculin singulier est précédé de *à* ou *de*, si le nom commence par une *consonne* ou une *h* aspirée, on change *de le* en *du*, et *à le* en *au* : **du** *mois* pour *de le mois ;* **du** *héros* pour *de le héros ;* **au** *mois* pour *à le mois ;* **au** *héros* pour *à le héros.* De là l'article *contracté* ou *composé*, **du** mis pour *de le*, **au** mis pour *à le*, **des** mis pour *de les*.

CHAPITRE II

DU NOM OU SUBSTANTIF

Qu'est-ce que le *nom* ou *substantif* ?

31. Le *nom* ou *substantif* est un mot *variable* susceptible de *genre* et de *nombre ;* il sert à nommer les personnes, les animaux et les choses : **homme, cheval, maison**.

Combien y a-t-il de sortes de *noms* ou *substantifs* ?

32. Il y en a deux sortes : le nom ou substantif *commun*, et le nom ou substantif *propre*.

Qu'est-ce que le nom propre ?

33. Le nom **propre** est celui qui ne convient qu'à une seule personne ou à une seule chose : *Dieu, Paul, Rome, Versailles.*

Qu'est-ce que le nom *commun* ?

34. Le nom **commun** est celui qui convient à tous

les individus ou à tous les objets de la même espèce : *enfant, maison.*

Comment se forme, en général, le pluriel dans les noms ?

35. Le pluriel se forme, *en général*, dans les noms en ajoutant un **s** au singulier : la *maison*, les *maisons*; un *mûrier*, des *mûriers*; un *cahier*, des *cahiers*.

1ʳᵉ EXCEPTION. Elle comprend les noms terminés au singulier par *au, eau, eu* qui prennent un *x* au pluriel : un *tuyau*, des *tuyaux*, un *agneau*, des *agneaux*, un *feu*, des *feux*.

2ᵉ EXCEPTION. Elle comprend les noms terminés en *ou* qui prennent tantôt un *s :* un *clou*, des *clous*, un *verrou*, des *verrous ;* tantôt un *x :* un *chou*, des *choux*. Ajoutez *bijou, caillou, genou, hibou, joujou, pou* (1).

3ᵉ EXCEPTION. Elle comprend les noms terminés en *al*, qui changent *al* en *aux* au pluriel : *métal*, *mét=aux*, *cheval*, *chev=aux*. Excepté *bal, aval, pal, carnaval, nopal, régal, chacal*, qui rentrent dans la règle générale.

4ᵉ EXCEPTION. Elle comprend les noms terminés en *ail*, comme *bail, corail, émail, soupirail, travail*, etc., qui font au pluriel *baux, coraux, émaux, soupiraux, travaux*. *Travail* fait *travails* dans le sens de machine à ferrer les chevaux. *Ail* peut s'écrire *aulx*.

(1) Dans l'ancienne orthographe française, on mettait indifféremment l'*x* ou l's, et l'irrégularité actuelle est un reste de cette incertitude.

ORTHOGRAPHE DES NOMS PROPRES.

Les noms propres ne prennent pas la marque du pluriel : *j'ai les tragédies des deux Corneille*. On dit aussi : *les Corneille, les Racine, les Boileau.*

1re EXCEPTION. Les noms propres prennent la marque du pluriel quand ils désignent les individus semblables à ceux dont on cite les noms. Ex. :

Un Auguste aisément peut faire des *Virgiles*. (Boileau.)

2e EXCEPTION. Quand ils désignent un titre commun à une famille, à une race ou à des œuvres célèbres :

La Seine a des **Bourbons**, le Tibre a des **Césars**.
Les **Elzévirs** (éditions) font les délices des connaisseurs.
On a vendu aujourd'hui trois **Raphaëls**.

De même, en géographie, on écrit au pluriel certains noms de pays : *les deux Amériques, les Gaules, les Espagnes, toutes les Russies.*

CHAPITRE III

DE L'ADJECTIF

Qu'est-ce que l'*adjectif* ?

36. L'*adjectif* est un mot *variable*, susceptible de *genre* et de *nombre*, qui ajoute au nom l'idée d'une *qualité* ou d'une *manière d'être*. Si je dis : *homme grand, arbre vert*, les mots **grand** et **vert** sont des adjectifs qui ajoutent aux noms *homme* et *arbre* l'idée d'une *qualité.*

Qu'est-ce que l'adjectif *qualificatif* ?

37. L'adjectif *qualificatif* est celui qui ajoute au *nom* l'idée d'une qualité. Tels sont : *sage, doux, simple.* Un enfant *sage,* un homme *doux,* etc.

FORMATION DU FÉMININ ET DU PLURIEL DANS LES ADJECTIFS.

Quelle est la règle de la formation du féminin dans les adjectifs?

58. RÈGLE GÉNÉRALE. On obtient le *féminin* dans les adjectifs en ajoutant un **e** muet au *masculin :* *grand* fait *grand=*e ; *fort, fort=*e ; *saint, saint=*e.

1re EXCEPTION. Les adjectifs qui ont un *e* muet au masculin, comme *détestable, terrible,* restent les mêmes au féminin : **une figure terrible.**

2e EXCEPTION. Les six adjectifs *bon, cruel, pareil, ancien, net, muet,* doublent au féminin la dernière consonne à laquelle on ajoute un *e* muet : *cruel, cruel=le,* etc.

Au lieu de doubler la consonne, on ajoute un accent grave sur l'*e* qui précède le *t* dans les adjectifs suivants : *complet* fait *complète; discret, discrète; concret, concrète ; inquiet, inquiète ; replet, replète : secret, secrète.*

Les adjectifs *sot, vieillot, gros, gras, las, épais, exprès, profès, gentil, nul, paysan,* doublent au féminin la

2

consonne finale en y ajoutant un *e* muet : *sotte, vieil-
lotte, grosse, grasse, lasse, épaisse, expresse, professe,
gentille, nulle, paysanne.*

3e EXCEPTION. Les adjectifs *beau, fou, jumeau, mou,
nouveau, vieux (vieil)*, font *belle, folle, jumelle, molle,
nouvelle, vieille.* Devant une *voyelle* ou une *h* muette,
écrivez *nouvel homme, bel adolescent, fol oiseau, bel ha-
bit, mol appui.*

4e EXCEPTION. Les adjectifs terminés par une *f* forment leur féminin en changeant *f* en *ve : rétif, rétive;
vif, vive*, etc.

5e EXCEPTION. Les adjectifs terminés en *x* changent
au féminin *x* en *se : fâcheux, fâcheuse; jaloux, ja-
louse;* excepté *roux, faux, doux*, qui font *rousse,
fausse, douce.*

Aigu fait *aiguë; ambigu, ambiguë; contigu, con-
tiguë.*

6e EXCEPTION. *Trompeur* fait *trompeuse; menteur,
menteuse; querelleur, querelleuse.*

Accusateur fait *accusatrice; protecteur, protectrice;
conducteur, conductrice; spéculateur, spéculatrice; dé-
lateur, délatrice.*

*Enchanteur, enchanteresse; pécheur, pécheresse; ven-
geur, vengeresse; gouverneur, gouvernante; serviteur,
servante.*

Les adjectifs *meilleur, majeur, mineur*, et les adjectifs terminés au masculin en *érieur* suivent la règle
générale : *meilleure, antérieure.*

Blanc, caduc, favori, frais, franc, grec, public, sec, ong, malin, tiers, bénin, turc, font, au féminin, *blanche, caduque, favorite, fraîche, franche, grecque, publique, sèche, longue, maligne, tierce, bénigne, turque.*

Comment se forme le *pluriel* des adjectifs?

59. Le *pluriel* des adjectifs se forme, en *règle générale,* comme dans les noms, c'est-à-dire en ajoutant un **s** au *singulier : grand* fait au pluriel **grands ;** *forte,* **fort**es, etc.

ACCORD DE L'ADJECTIF AVEC LE NOM.

Quelle est la règle d'accord de l'adjectif avec le nom?

40. Tout adjectif s'accorde en *genre* et en *nombre* avec le nom auquel il se rapporte : *un arbre* **vert,** *des arbres* **verts ;** *une feuille* **verte**, *des feuilles* **vertes.**

Vert est au *masculin* et au *singulier,* parce que le nom *arbre* est du *masculin* et du *singulier.*

Vertes est au *féminin* et au *pluriel,* parce que le nom *feuilles* est du *féminin* et du *pluriel.*

Comment s'écrit l'adjectif quand il se rapporte à *deux noms au singulier?*

41. Si l'adjectif se rapporte à deux noms au *singulier,* il s'écrit au *pluriel :* le *prince* et le *laboureur* sont **égaux** devant Dieu.

Comment s'écrit l'adjectif si les deux noms sont du genre masculin?

42. Si les deux noms sont du genre *masculin,* l'adjectif s'écrit au *masculin* pluriel : le *père* et le *fils* **diligents**.

Comment s'écrit l'adjectif si les deux noms sont du genre féminin ?

43. Si les deux noms sont du genre féminin, l'adjectif s'écrit au *féminin* pluriel : la *mère* et la *fille* **diligentes**.

Comment s'écrit l'adjectif si les deux noms sont de genres différents ?

44. Si les deux noms sont de genres différents (l'un *masculin* et l'autre *féminin*), on écrit l'adjectif au *masculin* pluriel : La *mère* et le *fils* **diligents**.

REMARQUE. Dans cet exemple : *indigne* **de pardon**, les mots *de pardon* forment ce qu'on appelle le *complément* de l'adjectif *indigne*. Il en est de même dans ces phrases : *habile* **à la chasse**, *avide de* **louanges**.

Définissez l'adjectif déterminatif.

45. Si je dis : *ma plume*, le mot **ma** ajoute au nom *plume* l'idée d'une *manière d'être*, et le *détermine* dans le sens de la possession. C'est comme si je disais : *cette plume est* **à moi**. Ce mot prend le nom d'*adjectif déterminatif*.

Combien y a-t-il de classes d'adjectifs déterminatifs ?

46. Il y a cinq classes d'adjectifs déterminatifs. Ce sont : les adjectifs *numéraux*, *démonstratifs*, *possessifs*, *indéfinis*, et les adjectifs *conjonctifs*.

CHAPITRE IV

DU PRONOM

On a imaginé les **pronoms** pour éviter la répétition des noms; ce sont des mots très-courts pour la plupart, et qui rendent le langage plus vif et plus rapide (V. nos Exercices, 1re série, XIII).

Qu'est-ce que le pronom ?

47. Le *pronom* est un mot *variable*, susceptible de *genre* et de *nombre* et qui rappelle l'idée du nom dont *il tient la place*. Ainsi, un poëte a dit en parlant des Romains :

> Des biens des nations ravisseurs altérés,
> Le bruit de nos trésors **les** a tous attirés.

Les est un pronom qui rappelle l'idée des Romains, et qui est *mis pour ce nom*.

REMARQUE. Le pronom qui tient la place d'une personne tient aussi la place d'un animal ou d'une chose, comme fait le nom lui-même. (V. nos Exercices, 1re série, XIII).

Combien y a-t-il de sortes de pronoms ?

48. Il y a six sortes de pronoms : les pronoms **personnels**, les pronoms **démonstratifs**, les pronoms **possessifs**, les pronoms **relatifs** ou **conjonctifs**, les pronoms **interrogatifs** et les pronoms **indéfinis**.

Combien y a-t-il de personnes qui jouent un rôle dans tout discours ?

49. Dans tout discours il y a nécessairement

2.

trois personnes qui jouent un rôle : 1° celle qui parle, *je lis;* 2° celle à qui l'on parle, *tu lis;* 3° celle dont on parle, *il lit.* De là trois personnes; de là aussi les *pronoms personnels* qui sont les plus ordinaires.

Quels sont les pronoms de la 1re personne?

50. Ce sont : *je, me, moi, nous.*

Quels sont les pronoms de la 2e personne ?

51. Ce sont : *tu, te, toi, vous.*

Quels sont les pronoms de la 3e personne ?

52. Ce sont : *il, ils, lui, eux, le,* pour le **masculin**; *elle, elles, la,* pour le **féminin**; *lui, les, leur, se, soi, en, y,* pour les **deux genres**.

REMARQUE. Il ne faut pas confondre *le, la, les,* pronoms, avec *le, la, les,* articles simples. Ceux-ci accompagnent toujours un nom. (V. nos Exercices, nos XIII, XIV.)

Comment s'accordent les pronoms personnels ?

53. Les pronoms personnels doivent toujours être du même *genre* et du même *nombre* que le nom dont ils tiennent la place. Ainsi, en parlant d'une lettre qu'on a écrite, il faut dire : **elle** (la lettre) est partie à son adresse. **Elle**, parce que *lettre* est du féminin singulier.

Si l'on parle de plusieurs *hameaux*, il faut dire : **ils** (les hameaux) sont très-voisins, parce que *hameaux* est du masculin pluriel.

Quelle est la signification des pronoms *lui, leur* ?

54. Les pronoms *lui, leur,* signifient *à lui, à elle, à eux, à elles.* Demandez vos cahiers à votre mère, je les **lui** (*à elle*) ai donnés. Je **leur** (*à eux, à elles*) parlerai tantôt.

Quelle est la signification du pronom *en* ?

55. Le pronom *en* signifie *de lui, d'elle, d'eux, d'elles, de cela.* Sa tante est décédée, il **en** hérite. (Il hérite d'elle.)

Quelle est la signification du pronom *y* ?

56. Le pronom *y* signifie *à lui, à elle, à eux, à elles, à cela.*

Je veux apprendre l'allemand, et je m'**y** appliquerai. (Je m'appliquerai *à cela.*)

Qu'est-ce que le pronom *démonstratif* ?

57. Le pronom *démonstratif* est celui qui désigne les personnes ou les choses en les *montrant.*

Ce *droit, vous le savez,* **c'est** *le droit du plus fort.* (La Fontaine.) *Ce n'est pas tel ou tel navire que je veux visiter, c'est* **celui-ci.**

Les mots **ce, celui-ci,** sont deux pronoms démonstratifs.

Citez les pronoms démonstratifs.

58. Ce sont : **ce, ceci, cela, celui, celui-ci, celui-là** pour le *masculin singulier;* **celle, celle-ci, celle-là** pour le *féminin singulier;* **ceux, ceux-ci, ceux-là, celles, celles-ci, celles-là** pour le *pluriel des deux genres.*

3

REMARQUE. **Ce**, pronom démonstratif, est toujours suivi de *qui, que, quoi, dont,* ou du verbe *être* : **Ce** *qui* se passe. **Ce** *que* je dis. **C'**est un malheur. **Ce** *fut* une grande joie pour nous.

Qu'est-ce que le pronom *possessif*?

59. C'est celui qui sert à marquer la possession des personnes ou des choses qu'il représente.

Citez les pronoms possessifs ?

60. Ce sont : **le mien, le tien, le sien, le nôtre, le vôtre, le leur**, pour le *singulier masculin* ; **la mienne, la tienne, la sienne, la nôtre, la vôtre, la leur**, pour le *singulier féminin*; **les miens, les tiens, les siens, les nôtre, les vôtres, les leurs**, pour le *pluriel masculin*; **les miennes, les tiennes, les siennes, les nôtres, les vôtres, les leurs**, pour le *pluriel féminin*.

REMARQUE. On écrit *le nôtre, le vôtre*, avec un accent circonflexe. Les adjectifs possessifs *notre, votre,* n'en prennent pas. En outre, les *pronoms possessifs* sont toujours précédés de l'article; c'est ce qui les distingue des adjectifs possessifs.

Qu'est-ce que le pronom *relatif* ou *conjonctif* ?

61. Si je dis : l'homme **que** vous voyez, **que** établit une relation avec le nom *homme* qui forme ce qu'on appelle un *antécédent*.

Le pronom *relatif* est donc ainsi appelé à cause de sa *relation* avec le nom.

Citez les pronoms relatifs ou conjonctifs ?

62. Ce sont : **qui, que, quoi, dont** (relatifs simples); **lequel, laquelle, lesquels, lesquelles, duquel, de laquelle, desquels, desquelles, auquel, à laquelle, auxquels, auxquelles** (relatifs composés).

Citez les pronoms *interrogatifs* ?

Ce sont : *qui, que, quoi*, etc., employés sans *antécédent*. **Qui** est venu ? **que** dites-vous ? (quelle personne est venue, quelle chose dites-vous ?)

Qu'est-ce que le pronom *indéfini* ?

63. C'est celui qui ne représente que d'une manière grave, *indéfinie,* les personnes et les choses.

Citez les pronoms indéfinis ?

64. Ce sont : *autrui, chacun, l'un, l'autre, les uns, les autres, nul, on, quelqu'un, quiconque, rien.*

Le plus usité est le pronom indéfini *on.*

REMARQUE. *Aucun, tout*, etc., sont adjectifs indéfinis quand ils accompagnent un nom : **aucun** chemin, **aucune** route; **toute** la ville. Ils sont pronoms indéfinis dans le cas contraire. **Tout** ce qu'vit est sujet à la mort.

N. B. — C'est en 2ᵉ division ou 2ᵉ année que l'élève apprendra les difficultés qui se rattachent aux pronoms.

CHAPITRE V

DU VERBE

Qu'est-ce que le *verbe* ?

65. Le *verbe* est un mot *variable*, susceptible de *nombres* et de *personnes*, par lequel on *affirme* que la manière d'être exprimée par l'*attribut* convient au *sujet* : **Dieu est bon**.

Plus généralement, le *verbe* sert à exprimer l'**existence**, l'**état** ou l'**action** du *sujet*.

L'existence : *je* **suis** ;

L'état : *il* **dort** ; *il* **souffre**.

L'action ; *tu* **travailles**, *tu* **marches**.

Le *verbe* est le mot par excellence.

Comment reconnaît-on qu'un mot est un *verbe* ?

66. Dans cette phrase : *ce bon père* aime *ses enfants*. Qui est-ce qui aime ses enfants ? C'est *ce bon père* qui *aime*, qui fait l'*action* d'aimer; ce mot **aime** exprime donc l'action elle-même : donc il est un verbe.

On reconnaît encore qu'un mot est un verbe quand on peut écrire avant ce verbe les pronoms personnels : *je, tu, il, nous, vous, ils.*

Marcher est un verbe, parce qu'on peut dire : **je** marche, **tu** *marches*, **il** *marche*, etc. (Voir nos Exercices, 1ʳᵉ série, XVI.)

SUJET DU VERBE.

Que faut-il entendre par le *sujet du verbe* ?

67. Dans l'exemple ci-dessus : je *marche*, si on

demande : *qui est-ce qui marche?* on répondra : *je* ou *moi*. **Je,** qui est l'objet de l'affirmation marquée par le verbe, est le **sujet** du verbe *marcher*.

Dans cet exemple : *la neige tombe*, si l'on demande *qu'est-ce qui tombe ?* on répondra : *la neige*. *La neige* est le **sujet** du verbe *tomber*.

Comment reconnaît-on le sujet du verbe ?

68. On reconnaît le **sujet** du verbe en faisant devant ce verbe la question **qui est-ce qui** pour les personnes, et **qu'est-ce qui** pour les choses.

Exemple : Pierre écrit; la pendule sonne. **Qui est-ce qui** écrit ? Pierre; Pierre est le **sujet** du verbe *écrit*. — **Qu'est-ce qui** sonne ? la pendule; *la pendule* est le **sujet** du verbe *sonne*. (Voir nos Exercices, 1ʳᵉ série, XVII.)

COMPLÉMENTS DU VERBE.

Qu'appelle-t-on *complément* ou *régime du verbe* ?

69. Le *complément* n'est autre chose que le mot qui *complète* l'idée qu'énonce un autre mot. Exemple: J'aime **Dieu** ; le mot *Dieu* est le complément de l'idée qu'énonce incomplétement le mot *aimer ;* c'est l'*objet* de l'action.

Combien y a-t-il de sortes de compléments ?

70. Il y en a deux sortes : le *complément* ou régime *direct*, et le *complément* ou régime *indirect*.

Pourquoi appelle-t-on le premier *complément* ou régime *direct* ?

71. On l'appelle complément *direct* parce que, di-

rectement, et sans le secours d'aucun autre mot, il *complète* le sens du verbe. J'aime Dieu, *j'aime* **qui?** **Dieu.** J'aime le travail, *j'aime* **quoi? le travail.** Les mots *Dieu* et *travail* sont deux *compléments directs.*

REMARQUE. — Pour reconnaître le complément *direct* d'un verbe, on fait après ce verbe la question **qui?** pour les personnes; **quoi?** pour les choses.

Qu'est-ce que le complément ou régime indirect?

72. Le complément ou régime *indirect* est celui qui ne *complète* l'idée énoncée par le verbe, qu'avec le secours de certains autres mots qu'on appelle *prépositions.* Je m'occupe **de** vous; je sors **avec** eux; je songe **à** votre affaire. Les mots *de vous, avec eux, à votre affaire,* qui répondent aux questions : **de qui? avec qui? à quoi?** sont les *compléments indirects* des verbes *s'occuper, sortir, songer.*

REMARQUE. — Pour reconnaître le complément *indirect* d'un verbe, on fait donc après ce verbe l'une des questions : **à qui? à quoi?** etc. J'écris à mon frère. J'écris **à qui?** à mon frère. Il pense **à** son devoir. Il pense **à quoi?** à son devoir. (V. nos Exercices, 1ʳᵉ série, XVIII, XIX.)

DES PERSONNES DU VERBE.

Combien y a-t-il de personnes qui concourent à l'action exprimée par le verbe?

73. Il y en a trois : 1° celle qui parle ou fait l'action : *je marche ;* 2° celle à qui l'on parle : *tu marches ;* 3° celle dont on parle : *il* ou *elle marche* ; voilà pour le *singulier.*

Au *pluriel,* ces trois personnes sont : *nous* pour la 1ʳᵉ, *nous marchons ; vous* pour la 2ᵉ, *vous marchez ; ils, elles* pour la 3ᵉ, *ils* ou *elles marchent.*

DES NOMBRES DU VERBE.

Combien y a-t-il de nombres pour le verbe ?

74. Il y a deux *nombres* pour le verbe comme pour le nom : le **singulier**, quand il s'agit *d'une* seule personne ou *d'un* seul objet : *je marche, tu marches, il marche ; la pluie tombe ;* le **pluriel**, quand il s'agit de *plusieurs* personnes ou de *plusieurs* choses : *nous marchons, vous marchez, ils marchent ; les fruits tombent.*

DES MODES DU VERBE.

Combien distingue-t-on de sortes de modes ?

75. Il y en a deux sortes : les modes *personnels* et les modes *impersonnels.*

Combien y a-t-il en français de modes personnels ?

76. Il y en a quatre : l'*indicatif,* le *conditionnel,* l'*impératif,* le *subjonctif.*

Combien y a-t-il en français de modes impersonnels ?

77. Il y en a deux : l'*infinitif* et le *participe.*

Qu'est-ce que le mode *indicatif* ?

78. C'est le mode qui exprime, qui *indique* l'état ou

l'action d'une manière positive, certaine et absolue :
je lis, tu marches, il travaille.

Qu'est-ce que le mode *conditionnel* ?

79. C'est le mode qui exprime l'affirmation avec
une idée accessoire de *condition* sous laquelle la chose
se ferait. Ex. : *cet enfant* **ferait** des progrès **s'il** al-
lait assidûment en classe.

Qu'est-ce que le mode *impératif* ?

80. C'est le mode qui exprime le commandement,
la prière : **viens** ici ; **va** cueillir des raisins.

Qu'est-ce que le mode *subjonctif* ?

81. C'est le mode qui exprime l'affirmation d'une
manière subordonnée et dépendante d'un autre verbe :
il **faut qu'il** travaille.

Qu'est-ce que le mode *infinitif* ?

82. Le mode infinitif est ainsi appelé, parce qu'il
est *indéfini, indéterminé* : **marcher, manger.**

Qu'est-ce que le mode *participe* ?

83. C'est un mode qui *participe* du verbe, dont il
forme un *temps*, et de l'*adjectif*, en ce qu'il sert à qua-
lifier d'une manière générale les personnes et les
choses : **marchant, ayant marché, lu, travaillé.**

DES TEMPS DU VERBE.

Combien y a-t-il de temps ?

84. Il y en a trois : le temps *présent*, le *passé* et le
futur.

Qu'indique le temps présent ?

85. Le temps *présent* indique l'action comme ayant lieu à l'instant où l'on parle : *je sors.*

Qu'est-ce que le temps passé ?

86. Le temps *passé* indique que l'action a été faite : *j'ai lu.*

Qu'est-ce que le temps futur ?

87. Le temps *futur* indique que l'action aura lieu ou que la chose sera : *je travaillerai.*

Combien y a-t-il de temps passés ?

88. Il y en a cinq : 1° l'*imparfait ;* 2° le *passé défini ;* 3° le *passé indéfini ;* 4° le *passé antérieur ;* 5° le *plus-que-parfait.*

RADICAL ET TERMINAISONS.

Qu'appelle-t-on radical d'un verbe ?

89. C'est la partie d'un mot qui reste après la suppression de ce qu'on appelle la terminaison. Le radical, de sa nature, *est invariable.* Dans *aimer*, le radical est **aim.**

Qu'appelle-t-on terminaison d'un verbe ?

90. C'est la partie supprimée d'un mot dont il ne reste que le radical. Dans *aimer*, la terminaison est **er.** La terminaison, de sa nature, est *variable.*

DES CONJUGAISONS.

Qu'appelle-t-on conjuguer un verbe ?

91. Conjuguer un verbe, c'est *écrire* ou *réciter* ce verbe avec tous ses modes et avec tous ses temps.

3.

|Combien y a-t-il de sortes de conjugaisons?

92. Il y a quatre sortes de conjugaisons qui se distinguent l'une de l'autre par la *terminaison* de l'infinitif.

Quelles sont-elles?

93. La *première* conjugaison a l'infinitif présent terminé en *er*, aim=**er**.

La *deuxième* a l'infinitif présent terminé en *ir*, fin=**ir**.

La *troisième* a l'infinitif présent terminé en *oir*, recev=**oir**.

La *quatrième* a l'infinitif présent terminé en *re*, rend=**re**.

DES VERBES AUXILIAIRES.

Quels sont les verbes auxiliaires?

94. Ce sont l'auxiliaire **avoir** et l'auxiliaire **être**.

Pourquoi les appelle-t-on verbes auxiliaires?

95. On les appelle *verbes auxiliaires* parce qu'ils *aident* à conjuguer tous les autres verbes.

Qu'est-ce qu'un *temps simple*?

96. Un temps *simple* est celui qui se suffit à lui-même, indépendamment des auxiliaires *être* ou *avoir*. J'*aime*, je *finissais*, je *reçus*, voilà des temps *simples*.

Qu'est-ce qu'un *temps composé*?

97. Un temps composé est celui qui est formé des auxiliaires *avoir* ou *être* et du *participe passé* : j'*ai*

aimé, j'*avais fini,* tu *seras reçu,* voilà des temps com-
posés.

Conjuguez le verbe auxiliaire **avoir.**

98.— VERBE AUXILIAIRE **AVOIR.**

INDICATIF.

PRÉSENT.

Singulier.

J'ai
Tu as
Il *ou* elle a.

Pluriel.

Nous avons
Vous avez
Ils *ou* elles ont.

IMPARFAIT.

J'avais
Tu avais
Il *ou* elle avait.
Nous avions
Vous aviez
Ils *ou* elles avaient.

PASSÉ DÉFINI.

J'eus
Tu eus
Il *ou* elle eut.
Nous eûmes
Vous eûtes
Ils *ou* elles eurent.

PASSÉ INDÉFINI.

J'ai eu
Tu as eu
Il *ou* elle a eu.
Nous avons eu
Vous avez eu
Ils *ou* elles ont eu.

PASSÉ ANTÉRIEUR.

J'eus eu
Tu eus eu
Il *ou* elle eut eu.

Nous eûmes eu
Vous eûtes eu
Ils *ou* elles eurent eu.

PLUS-QUE-PARFAIT.

J'avais eu
Tu avais eu
Il *ou* elle avait eu.
Nous avions eu
Vous aviez eu
Ils *ou* elles avaient eu.

FUTUR SIMPLE.

J'aurai
Tu auras
Il *ou* elle aura.
Nous aurons
Vous aurez
Ils *ou* elles auront.

FUTUR ANTÉRIEUR.

J'aurai eu
Tu auras eu
Il *ou* elle aura eu.
Nous aurons eu
Vous aurez eu
Ils *ou* elles auront eu.

CONDITIONNEL.

PRÉSENT.

J'aurais
Tu aurais
Il *ou* elle aurait.
Nous aurions
Vous auriez
Ils *ou* elles auraient.

PASSÉ.

J'aurais eu
Tu aurais eu
Il *ou* elle aurait eu.
Nous aurions eu
Vous auriez eu
Ils *ou* elles auraient eu.

On dit aussi : *J'eusse eu, tu eusses eu, il ou elle eût eu; nous eussions eu, vous eussiez eu, ils ou elles eussent eu.*

IMPÉRATIF.

Point de 1re personne du singulier, ni de 3o pour le singulier et le pluriel.
Sing. Aie.
Plur. Ayons
Ayez.

SUBJONCTIF.

PRÉSENT *ou* FUTUR.

Que j'aie
Que tu aies
Qu'il *ou* qu'elle ait.
Que nous ayons
Que vous ayez
Qu'ils *ou* qu'elles aient.

IMPARFAIT.

Que j'eusse
Que tu eusses
Qu'il *ou* qu'elle eût.
Que nous eussions
Que vous eussiez
Qu'ils *ou* qu'elles eussent.

PASSÉ.

Que j'aie eu
Que tu aies eu
Qu'il *ou* qu'elle ait eu.
Que nous ayons eu
Que vous ayez eu
Qu'ils *ou* qu'elles aient eu.

PLUS-QUE-PARFAIT.

Que j'eusse eu
Que tu eusses eu
Qu'il *ou* qu'elle eût eu.
Que nous eussions eu
Que vous eussiez eu
Qu'ils *ou* qu'elles eussent eu.

INFINITIF.

PRÉSENT.

Avoir.

PASSÉ.

Avoir eu.

PARTICIPE.

PRÉSENT.

Ayant.

PARTICIPE PASSÉ.

Eu, eue, ayant eu.

99.— VERBE AUXILIAIRE ÊTRE.

INDICATIF.

PRÉSENT.

Singulier

Je suis
Tu es
Il *ou* elle est.

Pluriel.

Nous sommes
Vous êtes
Ils *ou* elles sont.

IMPARFAIT.

J'étais
Tu étais
Il *ou* elle était.
Nous étions
Vous étiez
Ils *ou* elles étaient.

PASSÉ DÉFINI.

Je fus
Tu fus
Il *ou* elle fut.

Nous fûmes
Vous fûtes
Ils *ou* elles furent.

PASSÉ INDÉFINI.

J'a été
Tu as été
Il *ou* elle a été.
Nous avons été
Vous avez été
Ils *ou* elles ont été.

PASSÉ ANTÉRIEUR.

J'eus été
Tu eus été
Il *ou* elle eut été.
Nous eûmes été
Vous eûtes été
Ils *ou* elles eurent été.

PLUS-QUE-PARFAIT.

J'avais été
Tu avais été
Il *ou* elle avait été.
Nous avions été
Vous aviez été
Ils *ou* elles avaient été.

FUTUR SIMPLE.

Je serai
Tu seras
Il *ou* elle sera.
Nous serons
Vous serez
Ils *ou* elles seront.

FUTUR ANTÉRIEUR.

J'aurai été
Tu auras été
Il *ou* elle aura été.
Nous aurons été
Vous aurez été
Ils *ou* elles auront été.

CONDITIONNEL.

PRÉSENT

Je serais
Tu serais
Il *ou* elle serait.
Nous serions
Vous seriez
Ils *ou* elles seraient.

PASSÉ.

J'aurais été
Tu aurais été
Il *ou* elle aurait été.
Nous aurions été
Vous auriez été
Ils *ou* elles auraient été.

On dit aussi : *J'eusse été, tu eusses été, il eût été; nous eussions été, vous eussiez été, ils eussent été.*

IMPÉRATIF.

Point de 1re personne du singulier, ni de 3e pour le singulier et le pluriel.
Sing. Sois.
Plur. Soyons
Soyez.

SUBJONCTIF.

PRÉSENT *ou* FUTUR.

Que je sois
Que tu sois
Qu'il *ou* qu'elle soit.
Que nous soyons
Que vous soyez
Qu'ils *ou* qu'elles soient.

IMPARFAIT.

Que je fusse
Que tu fusses
Qu'il *ou* qu'elle fût.
Que nous fussions
Que vous fussiez
Qu'ils *ou* qu'elles fussent.

PASSÉ.

Que j'aie été
Que tu aies été
Qu'il *ou* qu'elle ait été.
Que nous ayons été
Que vous ayez été
Qu'ils *ou* qu'elles aient été.

INFINITIF.

PRÉSENT.

Être.

PASSÉ.

Avoir été.

PLUS-QUE-PARFAIT.

Que j'eusse été
Que tu eusses été
Qu'il *ou* qu'elle eût été.
Que nous eussions été
Que vous eussiez été
Qu'ils *ou* qu'elles eussent été.

PARTICIPE.

PRÉSENT.

Étant.

PARTICIPE PASSÉ.

Été.
Ayant été.

Qu'appelle-t-on *attribut* ?

100. L'*attribut* exprime la *qualité*, mais la *qualité qu'on affirme* du sujet. Ainsi : Dieu est **juste;** le mot *juste,* qui est *attribut,* exprime bien la *qualité,* mais la *qualité* qu'on affirme, **appartient** au sujet *Dieu.*

C'est par là que l'attribut diffère de l'adjectif qualificatif qui exprime une **simple qualité.**

Quelle est la règle d'accord de l'attribut ?

101. L'attribut se met au même genre et au même nombre que le sujet du verbe : *Dieu* est *grand;* votre *sœur* est *bonne.*

L'attribut *grand* est au masculin singulier, parce

que le sujet *Dieu* est du masculin et du singulier. L'attribut *bonne* est au féminin et au singulier, parce que le sujet *sœur* est du féminin et du singulier.

REMARQUE. Si l'attribut se rapporte à deux sujets au singulier, il se met au pluriel. *Pierre et Paul* sont *diligents*. Votre *sœur et votre mère* sont *excellentes*.

PREMIÈRE CONJUGAISON EN **ER** (AIMER).

INDICATIF.

PRÉSENT.

Singulier.

J'aim (radical) *e* (terminaison)
Tu aim *es*
Il *ou* elle aim *e.*

Pluriel.

Nous aim *ons*
Vous aim *ez*
Ils *ou* elles aim *ent.*

IMPARFAIT.

J'aim *ais*
Tu aim *ais*
Il *ou* elle aim *ait.*
Nous aim *ions*
Vous aim *iez*
Ils *ou* elles aim *aient.*

PASSÉ DÉFINI.

J'aim *ai*
Tu aim *as*
Il *ou* elle aim *a.*
Nous aim *âmes*
Vous aim *âtes*
Ils *ou* elles aim *èrent.*

PASSÉ INDÉFINI.

J'ai aim *é*
Tu as aim *é*
Il *ou* elle a aim *é.*
Nous avons aim *é*
Vous avez aim *é*
Ils *ou* elles ont aim *é.*

PASSÉ ANTÉRIEUR.

J'eus aim *é*
Tu eus aim *é*
Il *ou* elle eut aim *é.*
Nous eûmes aim *é*
Vous eûtes aim *é*
Ils *ou* elles eurent aim *é.*

PLUS-QUE-PARFAIT.

J'avais aim *é*
Tu avais aim *é*
Il *ou* elle avait aim *é.*
Nous avions aim *é*
Vous aviez aim *é*
Ils *ou* elles avaient aim *é.*

FUTUR SIMPLE.

J'aim *erai*
Tu aim *eras*
Il *ou* elle aim *era.*

Nous aim *erons*
Vous aim *erez*
Ils *ou* elles aim *eront.*

FUTUR ANTÉRIEUR.

J'aurai aim *é*
Tu auras aim *é*
Il *ou* elle aura aim *é.*
Nous aurons aim *é*
Vous aurez aim *é*
Ils *ou* elles auront aim *é.*

CONDITIONNEL.

PRÉSENT.

J'aim *erais*
Tu aim *erais*
Il *ou* elle aim *crait.*
Nous aim *erions*
Vous aim *eriez*
Ils *ou* elles aim *eraient.*

PASSÉ.

J'aurais aim *é*
Tu aurais aim *é*
Il *ou* elle aurait aim *é.*
Nous aurions aim *é*
Vous auriez aim *é*
Ils *ou* elles auraient aim *é.*

On dit aussi : *J'eusse aimé, tu eusses aimé, il eût aimé; nous eussions aimé, vous eussiez aimé, ils eussent aimé.*

IMPÉRATIF.

Point de 1re personne du singulier, ni de 3e pour le singulier et le pluriel.

Sing. Aim *e.*
Plur. Aim *ons*
Aim *ez.*

SUBJONCTIF.

PRÉSENT *ou* FUTUR.

Que j'aim *e*
Que tu aim *es*
Qu'il *ou* qu'elle aim *e.*
Que nous aim *ions*
Que vous aim *iez*
Qu'ils *ou* qu'elles aim *ent.*

IMPARFAIT.

Que j'aim *asse*
Que tu aim *asses*
Qu'il *ou* qu'elle aim *ât.*
Que nous aim *assions*
Que vous aim *assiez*
Qu'ils *ou* qu'elles aim *assent.*

PASSÉ.

Que j'aie aim *é*
Que tu aies aim *é*
Qu'il *ou* qu'elle ait aim *é.*
Que nous ayons aim *é*
Que vous ayez aim *é*
Qu'ils *ou* qu'elles aient aim *é.*

PLUS-QUE-PARFAIT.

Que j'eusse aim *é*
Que tu eusses aim *é*
Qu'il *ou* qu'elle eût aim *é.*
Que nous eussions aim *é*
Que vous eussie aim *é*
Qu'ils *ou* qu'elles eussent aim *é.*

INFINITIF.

PRÉSENT.

Aim er.

PASSÉ.

Avoir aim *é.*

PARTICIPE.

PRÉSENT.

Aim *ant.*

PARTICIPE PASSÉ.

Aim *é,* aim *ée,* ayant aim *é.*

DEUXIÈME CONJUGAISON EN **IR** (FINIR.)

INDICATIF.

PRÉSENT.

Singulier.

Je fin (radical) *is* (terminaison)
Tu fin *is*
Il *ou* elle fin *it.*

Pluriel.

Nous fin *issons*
Vous fin *issez*
Ils *ou* elles fin *issent.*

IMPARFAIT.

Je fin *issais*
Tu fin *issais*
Il *ou* elle fin *issait.*
Nous fin *issions*
Vous fin *issiez*
Ils *ou* elles fin *issaient.*

PASSÉ DÉFINI.

Je fin *is*
Tu fin *is*
Il *ou* elle fin *it.*
Nous fin *îmes*
Vous fin *îtes*
Ils *ou* elles fin *irent.*

PASSÉ INDÉFINI.

J'ai fin *i*
Tu as fin *i*
Il *ou* elle a fin *i.*
Nous avons fin *i*
Vous avez fin *i*
Ils *ou* elles ont fin *i.*

PASSÉ ANTÉRIEUR.

J'eus fin *i*
Tu eus fin *i*
Il *ou* elle eut fin *i.*
Nous eûmes fin *i*
Vous eûtes fin *i*
Ils *ou* elles eurent fin *i.*

PLUS-QUE-PARFAIT.

J'avais fin *i*
Tu avais fin *i*
Il *ou* elle avait fin *i.*
Nous avions fin *i*
Vous aviez fin *i*
Ils *ou* elles avaient fin *i.*

FUTUR.

Je fin *irai*
Tu fin *iras*
Il *ou* elle fin *ira.*
Nous fin *irons*
Vous fin *irez*
Ils *ou* elles fin *iront*;

FUTUR ANTÉRIEUR.

J'aurai fin *i*
Tu auras fin *i*
Il *ou* elle aura fin *i.*
Nous aurons fin *i*
Vous aurez fin *i*
Ils *ou* elles auront fin *i*

CONDITIONNEL.

PRÉSENT.

Je fin *irais*
Tu fin *irais*
Il *ou* elle fin *irait.*
Nous fin *irions*
Vous fin *iriez*
Ils *ou* elles fin *iraient.*

PASSÉ.

J'aurais fin *i*
Tu aurais fin *i*
Il *ou* elle aurait fin *i.*
Nous aurions fin *i*
Vous auriez fin *i*
Ils *ou* elles auraient fin *i.*

On dit aussi : *J'eusse fini, tu eusses fini, il eût fini ; nous eussions fini, vous eussiez fini, ils eussent fini.*

IMPÉRATIF.

Point de 1re *personne du singulier, ni de* 3e *pour le singulier et le pluriel.*
Sing. Fin *is.*
Plur. Fin *issons*
Fin *issez.*

SUBJONCTIF.

PRÉSENT *ou* FUTUR.

Que je fin *isse*
Que tu fin *isses*
Qu'il *ou* qu'elle fin *isse.*
Que nous fin *issions*
Que vous fin *issiez*
Qu'ils *ou* qu'elles fin *issent.*

IMPARFAIT.

Que je fin *isse*
Que tu fin *isses*
Qu'il *ou* qu'elle fin *ît.*
Que nous fin *issions*
Que vous fin *issiez*
Qu'ils *ou* qu'elles fin *issent.*

PASSÉ.

Que j'aie fin *i*
Que tu aies fin *i*
Qu'il *ou* qu'elle ait fin *i.*
Que nous ayons fin *i*
Que vous ayez fin *i*
Qu'ils *ou* qu'elles aient fin *i.*

PLUS-QUE-PARFAIT.

Que j'eusse fin *i*
Que tu eusses fin *i*
Qu'il *ou* qu'elle eût fin *i.*
Que nous eussions fin *i*
Que vous eussiez fin *i*
Qu'ils *ou* qu'elles eussent fin *i.*

INFINITIF.

PRÉSENT.

Fin *ir.*

PASSÉ.

Avoir fin *i.*

PARTICIPE.

PRÉSENT.

Fin *issant.*

PARTICIPE PASSÉ.

Fin *i,* fin *ie,* ayant fin *i.*

TROISIÈME CONJUGAISON EN **OIR** (RECEVOIR).

INDICATIF.

PRÉSENT.

Singulier.

Je reç (radical) *ois* (terminaison)
Tu reç *ois*
Il *ou* elle reç *oit.*

Pluriel.

Nous rec *evons*
Vous rec *evez*
Ils *ou* elles reç *oivent.*

IMPARFAIT.

Je rec *evais*
Tu rec *evais*
Il *ou* elle rec *evait.*
Nous rec *evions*
Vous rec *eviez*
Ils *ou* elles rec *evaient.*

PASSÉ DÉFINI.

Je reç *us*
Tu reç *us*
Il *ou* elle reç *ut.*

Nous reç *ûmes*
Vous re *çûtes*
Ils *ou* elles reç *urent.*

PASSÉ INDÉFINI.

J'ai reç *u*
Tu as reç *u*
Il *ou* elle a reç *u.*
Nous avons reç *u*
Vous avez reç *u*
Ils *ou* elles ont reç *u.*

PASSÉ ANTÉRIEUR.

J'eus reç *u*
Tu eus reç *u*
Il *ou* elle eut reç *u.*
Nous eûmes reç *u*
Vous eûtes reç *u*
Ils *ou* elles eurent reç *u.*

PLUS-QUE-PARFAIT.

J'avais reç *u*
Tu avais reç *u*
Il *ou* elle avait reç *u.*
Nous avions reç *u*
Vous aviez reç *u*
Ils *ou* elles avaient reç *u.*

FUTUR SIMPLE.

Je rec *evrai*
Tu rec *evras*
Il *ou* elle rec *evra.*
Nous rec *evrons*
Vous rec *evrez*
Ils *ou* elles rec *evront.*

FUTUR ANTÉRIEUR.

J'aurai reç *u*
Tu auras reç *u*
Il *ou* elle aura reç *u.*
Nous aurons reç *u*
Vous aurez reç *u*
Ils *ou* elles auront reç *u.*

CONDITIONNEL.

PRÉSENT.

Je rec *evrais*
Tu rec *evrais*
Il *ou* elle rec *evrait.*
Nous rec *evrions*
Vous rec *evriez*
Ils *ou* elles rec *evraient.*

PASSÉ.

J'aurais reç *u*
Tu aurais reç *u*
Il *ou* elle aurait reç *u.*
Nous aurions reç *u*
Vous auriez reç *u*
Ils *ou* elles auraient reç *u.*

On dit aussi : *J'eusse reçu, tu eusses reçu, il eût reçu; nous eussions reçu, vous eussiez reçu, ils eussent reçu.*

IMPÉRATIF.

Reç *ois.*
Rec *evons*
Rec *evez.*

SUBJONCTIF.

PRÉSENT *ou* FUTUR.

Que je reç *oive*
Que tu reç *oives*
Qu'il *ou* qu'elle reç *oive.*
Que nous rec *evions*
Que vous rec *eviez*
Qu'ils *ou* qu'elles reç *oivent.*

IMPARFAIT.

Que je reç *usse*
Que tu reç *usses*
Qu'il *ou* qu'elle reç *ût.*
Que nous reç *ussions*
Que vous reç *ussiez*
Qu'ils *ou* qu'elles reç *ussent.*

PASSÉ.

Que j'aie reç *u*
Que tu aies reç *u*
Qu'il *ou* qu'elle ait reç *u.*

Que nous ayons reç *u*
Que vous ayez reç *u*
Qu'ils *ou* qu'elles aient reç *u*.

PLUS-QUE-PARFAIT.

Que j'eusse reç *u*
Que tu eusses reç *u*
Qu'il *ou* qu'elle eût reçu.
Que nous eussions reç *u*
Que vous eussiez reç *u*
Qu'ils *ou* qu'elles eussent reç *u*.

INFINITIF.

PRÉSENT.

Rec *evoir*.

PASSÉ.

Avoir reç *u*.

PARTICIPE.

PRÉSENT.

Recev *ant*.

PARTICIPE PASSÉ.

Reç *u*, reç *ue*, ayant reç *u*.

QUATRIÈME CONJUGAISON, EN **RE** (RENDRE).

INDICATIF.

PRÉSENT.

Singulier.

Je rend *s*
Tu rend *s*
Il *ou* elle rend.

Pluriel.

Nous rend *ons*
Vous rend *ez*
Ils *ou* elles rend *ent*.

IMPARFAIT.

Je rend *ais*
Tu rend *ais*
Il *ou* elle rend *ait*.
Nous rend *ions*
Vous rend *iez*
Ils *ou* elles rend *aient*.

PASSÉ DÉFINI.

Je rend *is*
Tu rend *is*
Il *ou* elle rend *it*.
Nous rend *îmes*
Vous rend *îtes*
Ils *ou* elles rend *irent*.

PASSÉ INDÉFINI.

J'ai rend *u*
Tu as rend *u*
Il *ou* elle a rend *u*.
Nous avons rend *u*
Vous avez rend *u*
Ils *ou* elles ont rend *u*.

PASSÉ ANTÉRIEUR.

J'eus rend *u*
Tu eus rend *u*
Il eut *ou* elle eut rend *u*.
Nous eûmes rend *u*
Vous eûtes rend *u*
Ils *ou* elles eurent rend *u*

PLUS-QUE-PARFAIT.

J'avais rend *u*
Tu avais rend *u*
Il *ou* elle avait rend *u*.
Nous avions rend *u*
Vous aviez rend *u*
Ils *ou* elles avaient rend *u*.

FUTUR SIMPLE.

Je rend *rai*
Tu rend *ras*
Il *ou* elle rend *ra*.

Nous rend *rons*
Vous rend *rez*
Ils *ou* elles rend *ront.*

FUTUR ANTÉRIEUR.

J'aurais rend *u*
Tu auras rend *u*
Il *ou* elle aura rend *u.*
Nous aurons rend *u*
Vous aurez rend *u*
Ils *ou* elles auront rend *u.*

CONDITIONNEL.

PRÉSENT.

Je rend *rais*
Tu rend *rais*
Il *ou* elle rend *rait.*
Nous rend *rions*
Vous rend *riez*
Ils *ou* elles rend *raient.*

PASSÉ.

J'aurais rend *u*
Tu aurais rend *u*
Il *ou* elle aurait rend *u.*
Nous aurions rend *u*
Vous auriez rend *u*
Ils *ou* elles auraient rend *u.*
  On dit aussi : *J'eusse rendu,
tu eusses rendu, il eût rendu;
Nous eussions rendu, vous eussiez
rendu, ils eussent rendu.*

IMPÉRATIF.

Rend *s.*
Rend *ons*
Rend *ez.*

SUBJONCTIF.

PRÉSENT *ou* FUTUR.

Que je rend *e*
Que tu rend *es*
Qu'il *ou* qu'elle rend *e.*

Que nous rend *ions*
Que vous rend *iez*
Qu'ils *ou* qu'elles rend *ent.*

IMPARFAIT.

Que je rend *isse*
Que tu rend *isses*
Qu'il *ou* qu'elle rend *ît.*
Que nous rend *issions*
Que vous rend *issiez*
Qu'ils *ou* qu'elles rend *issent.*

PASSÉ.

Que j'aie rend *u*
Que tu aies rend *u*
Qu'il *ou* qu'elle ait rend *u.*
Que nous ayons rend *u*
Que vous ayez rend *u*
Qu'ils *ou* qu'elles aient rend *u.*

PLUS-QUE-PARFAIT.

Que j'eusse rend *u*
Que tu eusses rend *u*
Qu'il *ou* qu'elle eût rend *u.*
Que nous eussions rend *u*
Que vous eussiez rend *u*
Qu'ils *ou* qu'elles eussent rend *u.*

INFINITIF.

PRÉSENT.

Rend *re.*

PASSÉ.

Avoir rend *u.*

PARTICIPE.

PRÉSENT.

Rend *ant.*

PARTICIPE PASSÉ.

Rend *u*, rend *ue*, ayant rend *u.*

REMARQUES SUR LA 1re CONJUGAISON (*Aimer*).

I. Les verbes terminés à l'infinitif par *ger* prennent toujours pour l'euphonie *e* devant les voyelles *a, o*. Je **change=ai**, *nous* **change=ons**. C'est ce qu'on appelle l'*e euphonique*.

II. Les verbes terminés par *cer* prennent une cédille sous le *c* devant les voyelles *a, o* : *j'*exerç=ais, *nous* **exerç=ons**.

III. Les verbes terminés en *er*, qui ont la syllabe finale de l'infinitif précédée d'un *é* fermé, le changent en *é* ouvert devant une syllabe muette : *céder*, *je* **cède**, *ils* **cèdent**.

Excepté les verbes terminés en *eger* qui conservent l'accent aigu : *assiéger fait j'*assiége, *tu* **assiéges**, il **assiége**.

IV. Les verbes terminés en *er*, qui ont la finale de l'infinitif précédée d'un *e* muet, le changent en *é* ouvert devant une syllabe muette : *peser*, *je* **pèse**, *ils* **pèsent**; *ramener*, *tu* **ramènes**.

V. Les verbes terminés par *eler, eter* doublent *l* et *t* devant l'*e* muet : *appeler*, *jeter* ; *j'*appelle, *je* **jette**, *je* **jetterai**, *j'*appellerai.

Excepté les verbes *acheter, bourreler, celer, crocheter, décolleter, écarteler, étiqueter, geler, haleter, harceler, marteler, modeler, peler.*

VI. Les verbes en *ier*, dont le radical est terminé par un *i* au participe présent, redoublent l'*i* à la 1re et à la 2e personne du pluriel de l'imparfait de l'indicatif et du présent du subjonctif : *apprécier*, *nous* **appréciions**, *vous* **appréciiez**; *que nous* **appréciions**, *que vous* **appréciiez**. Il en est ainsi pour les verbes *prier, oublier, plier*, etc.

VII. Les verbes terminés en *yer* comme *payer, effrayer, ennuyer*, etc., changent l'*y* en *i* devant un *e* muet. *Effrayer*, *j'*effraie, *ils* **effraient**. A la 1re et à la 2e personne du pluriel de l'imparfait de l'indicatif et du présent du subjonctif, l'*y* est suivi d'un *i* : *nous* **effrayions**, *vous* **effrayiez**; *que nous* **effrayions**, *que vous* **effrayiez**.

VIII. Les verbes terminés en *éer* prennent deux *e* de suite dans toute la conjugaison, excepté devant les voyelles *a, o, i. Créer* fera *je* **créerai** et *je* **créais**; au participe passé féminin il prend trois *e,* **créée**.

REMARQUES SUR LA 2ᵉ CONJUGAISON (*Finir*).

I. Le verbe **bénir** a deux participes passés : **bénit, bénite,** pour les personnes ou les choses consacrées religieusement ; *béni, bénie,* dans tout autre sens.

Les tombeaux où reposaient leurs cendres *bénites.* (Bossuet.)

Ainsi ce germe *béni* devint aussi le germe et le rejeton d'Abraham. (Bossuet.)

II. *Fleurir* a deux formes d'imparfait et de participe présent. *Cet arbre* **fleurissait** *au printemps.*

Durant tout ce temps, la philosophie **florissait** dans la Grèce. (Bossuet.)

III. *Haïr* perd le tréma de l'infinitif aux trois personnes du singulier de l'indicatif et à la 2ᵉ personne du singulier de l'impératif : *je hais, tu hais, il hait.*

IV. La 3ᵉ personne du pluriel du subjonctif présent des verbes *finir, punir,* etc., ne se distingue pas, pour l'orthographe, de la 3ᵉ personne du pluriel de l'imparfait du subjonctif : *qu'ils finissent, qu'ils punissent.*

REMARQUES SUR LA 3ᵉ CONJUGAISON (*Recevoir*).

Les verbes terminés en *oir* sont généralement irréguliers. Seuls les verbes en *evoir* se conjuguent sur *recevoir.*

Au masculin singulier du participe passé, les verbes *devoir, mouvoir,* prennent un accent circonflexe : **dû, mû**.

REMARQUES SUR LA 4ᵉ CONJUGAISON (*Rendre*).

Dans les verbes terminés en **dre**, comme *craindre, résoudre, feindre, joindre*, le *d* du radical se change en *s* aux deux premières personnes du singulier de l'indicatif et à la 2ᵉ de l'impératif. *Je résous, tu résous; je crains, tu crains*; **crains Dieu**. Ils prennent un *t* à la 3ᵉ personne du singulier de l'indicatif: *il résout, il craint, il feint, il joint*.

Quelle est la règle d'accord avec le sujet?

102. La règle est que tout verbe s'accorde en **nombre** et en **personne** avec le *sujet*. **Je marche, ils courent**, etc.

Marche est au singulier et à la première personne, parce que le sujet **je** est du singulier et de la première personne. **Courent** est au pluriel et à la troisième personne, parce que son sujet **ils** est du pluriel et de la troisième personne.

PREMIÈRE REMARQUE. — Si un verbe a deux sujets au singulier, ce verbe se met au pluriel: Pierre et Paul *travail=*lent.

DEUXIÈME REMARQUE. — Si les sujets sont de *différentes personnes*, le verbe se met au *pluriel* et à la personne qui a la *priorité :* Narbal et **moi** nous admirions. Vous et votre frère *vous* **viendrez** chez moi. (V. nos Exercices, 2ᵉ série, XX.)

DIFFÉRENTES SORTES DE VERBES.

Combien y a-t-il de sortes de verbes?

103. Il y a cinq sortes de verbes : le verbe *actif* ou

transitif, le verbe *passif*, le verbe *neutre* ou *intransi-tif*, le verbe *réfléchi* ou *pronominal*, le verbe *impersonnel* ou *unipersonnel*.

Qu'est-ce que le verbe *actif* ou *transitif* ?

104. Le verbe *actif* est celui dont le *sujet* fait l'action : je *cueille* des fruits. Je *cueille* marque une action faite par le sujet **je.**

On l'appelle aussi *transitif* quand l'action *passe* du sujet à la personne ou à l'objet qui sert de complément direct au verbe. J'aime = Dieu. J'apprends = une leçon.

Ici l'action passe du sujet *je* à *Dieu* et à *leçon* qui sont les *compléments directs* des verbes *aimer* et *apprendre*.

Qu'est-ce que le verbe *passif* ?

105. Le verbe *passif* est celui qui désigne une action non plus *faite*, mais *reçue, soufferte* par le sujet : cet enfant *est aimé* ; ils *sont aimés* de leurs parents.

Le verbe *passif* se conjugue dans tous ses temps avec l'auxiliaire *être*.

Comment reconnaît-on qu'un verbe est actif ou transitif ?

106. On reconnaît qu'un verbe est actif ou transitif, quand on peut mettre immédiatement après lui **qui** ou **quoi** : *J'aime Dieu*. J'aime **qui ?** Dieu. *J'apprends une leçon*. J'apprends **quoi ?** une leçon.

Qu'est-ce que le verbe *neutre* ou *intransitif* ?

107. Le verbe neutre est celui qui exprime un simple *état* absolu, comme *languir, dormir*.

On l'appelle *intransitif* quand l'état ou l'action ne passe pas du sujet à l'objet : *marcher, parler, dormir* sont des verbes neutres intransitifs.

Comment reconnaît-on un verbe neutre?

108. Quand on ne peut mettre immédiatement après lui *quelqu'un* ou *quelque chose :* on ne peut pas dire: dormir *quelqu'un*, dormir *quelque chose*.

Le verbe neutre n'a pas de complément *direct*.

Conjugaison du verbe neutre ou intransitif PARTIR.

INDICATIF.

PRÉSENT.

Singulier.

Je pars
Tu pars
Il *ou* elle part.

Pluriel.

Nous partons
Vous partez
Ils *ou* elles partent.

IMPARFAIT.

Je partais
Tu partais
Il *ou* elle partait.
Nous partions
Vous partiez
Ils *ou* elles partaient.

PASSÉ DÉFINI.

Je partis
Tu partis
Il *ou* elle partit.
Nous partîmes
Vous partîtes
Ils *ou* elles partirent.

PASSÉ INDÉFINI.

Je suis parti *ou* partie
Tu es parti *ou* partie
Il est parti *ou* elle est partie.

Nous sommes partis *ou* parties
Vous êtes partis *ou* parties
Ils sont partis *ou* elles sont parties.

PASSÉ ANTÉRIEUR.

Je fus parti *ou* partie
Tu fus parti *ou* partie
Il fut parti *ou* elle fut partie.
Nous fûmes partis *ou* parties
Vous fûtes partis *ou* parties
Ils furent partis *ou* elles furent parties.

PLUS-QUE-PARFAIT.

J'étais parti *ou* partie
Tu étais parti *ou* partie
Il était parti *ou* elle était partie.
Nous étions partis *ou* parties
Vous étiez partis *ou* parties
Ils étaient partis *ou* elles étaient parties.

SUBJONCTIF.

PRÉSENT.

Que je parte
Que tu partes
Qu'il *ou* qu'elle parte.
Que nous partions
Que vous partiez
Qu'ils *ou* qu'elles partent.

IMPARFAIT.	PASSÉ.
Que je partisse	Que je sois parti *ou* partie
Que tu partisses	Que tu sois parti *ou* partie
Qu'il *ou* qu'elle partît.	Qu'il soit parti *ou* qu'elle soit partie.
Que nous partissions	Que nous soyons partis *ou* parties
Que vous partissiez	Que vous soyez partis *ou* parties
Qu'ils *ou* qu'elles partissent.	Qu'ils soient partis *ou* qu'elles soient parties.

Qu'est-ce que le verbe *réfléchi* ou *pronominal*?

109. Le verbe *réfléchi* ou *pronominal* est celui dont l'action se réfléchit sur le sujet : l'orgueilleux **se loue.**

Il se conjugue avec deux pronoms, dont le second est complément direct ou indirect : *vous vous vantez,* c'est-à-dire vous vantez **vous.** *Nous nous nuisons,* c'est-à-dire nous nuisons **à nous.**

Verbe irréfléchi ou pronominal SE REPENTIR.

INDICATIF.

PRÉSENT.

Singulier.

Je me repens
Tu te repens
Il *ou* elle se repent.

Pluriel.

Nous nous repentons
Vous vous repentez
Ils *ou* elles se repentent.

IMPARFAIT.

Je me repentais.
Nous nous repentions, etc.

PASSÉ DÉFINI.

Je me repentis
Nous nous repentîmes, etc.

PASSÉ INDÉFINI.

Je me suis repenti *ou* repentie.
Nous nous sommes repentis *ou* repenties, etc.

PASSÉ ANTÉRIEUR.

Je me fus repenti *ou* repentie.
Nous nous fûmes repentis *ou* repenties, etc.

PLUS-QUE-PARFAIT.

Je m'étais repenti *ou* repentie.
Nous nous étions repentis *ou* repenties, etc.

FUTUR SIMPLE.

Je me repentirai.
Nous nous repentirons, etc.

FUTUR ANTÉRIEUR.

Je me serai repenti *ou* repentie.
Nous nous serons repentis *ou* repenties, etc.

CONDITIONNEL.

PRÉSENT.

Je me repentirais.
Nous nous repentirions, etc.

PASSÉ.

Je me serais repenti *ou* repentie.
Nous nous serions repentis *ou* repenties, etc.

IMPÉRATIF.

Repens-toi.
Repentons-nous
Repentez-vous.

SUBJONCTIF.

PRÉSENT OU FUTUR.

Que je me repente.
Que nous nous repentions, etc.

IMPARFAIT.

Que je me repentisse.
Que nous nous repentissions, etc.

PASSÉ.

Que je me sois repenti *ou* repentie, etc.
Que nous nous soyons repentis *ou* repenties.

PLUS-QUE-PARFAIT.

Que je me fusse repenti *ou* repentie.

INFINITIF.

PRÉSENT.

Se repentir.

PASSÉ.

S'être repenti *ou* repentie.

PARTICIPE.

PRÉSENT.

Se repentant.

PASSÉ.

Repenti, repentie, s'étant repenti *ou* repentie.

Qu'est-ce que le verbe *impersonnel* ou *unipersonnel* ?

110. C'est celui qui ne s'emploie qu'à la troisième personne du singulier : il *pleut*, il *neige*, il *tonne*.

Conjugaison du verbe impersonnel IL TONNE.

INDICATIF.	*Présent.* Il tonne. *Imparfait.* Il tonnait. *Passé défini.* Il tonna. *Passé indéfini.* Il a tonné. *Passé antérieur.* Il eut tonné. *Plus-que-parfait.* Il avait tonné. *Futur.* Il tonnera. *Futur antérieur.* Il aura tonné.
CONDITIONNEL.	*Présent.* Il tonnerait. *Passé.* Il aurait tonné.

Pas d'*impératif.*

SUBJONCTIF.	*Présent.* Qu'il tonne. *Imparfait.* Qu'il tonnât. *Parfait.* Qu'il ait tonné. *Plus-que-parfait.* Qu'il eût tonné.
INFINITIF.	*Présent.* Tonner.
PARTICIPE.	*Présent.* Tonnant. *Passé.* Tonné.

CHAPITRE VI

DU PARTICIPE

PARTICIPE PRÉSENT ET ADJECTIF VERBAL.

Qu'est-ce que le *participe ?*

111. Le participe est un mot *variable*, susceptible de *genre* et de *nombre*.

Pourquoi le participe est-il ainsi appelé ?

112. Le participe est ainsi appelé parce qu'il *participe* de la double nature du verbe et de l'adjectif :

1° Il participe du verbe en ce qu'il est un mode du verbe, et qu'il en a la signification et le complément : **lisant** = un livre ;

2° Il participe de l'adjectif en ce qu'il exprime la *qualité* des êtres ou des objets : enfants **aimés** ; âmes **élevées**.

Combien y a-t-il de sortes de participes ?

113. Il y a deux participes : le participe *présent* terminé en **ant :** *aimant, marchant ;* le participe

passé : **honoré, estimé, fini, reçu, découvert.**

Le participe présent est de sa nature *invariable ;* un
homme *lisant,* une femme *lisant,* des hommes *lisant,*
des femmes *lisant.*

Quelle différence y a-t-il entre le participe présent (considéré
comme invariable) et certains adjectifs dérivés des verbes et ap-
pelés adjectifs verbaux ?

114. La différence consiste en ce que le participe
présent marque l'**action** au moment où elle se fait ;
tandis que l'adjectif verbal (terminé également en *ant*)
exprime une **qualité,** un **état,** une **manière
d'être** du sujet.

L'adjectif verbal a bien la *forme* du participe, mais
la *valeur* de l'adjectif, et, dès lors il est *variable* et
s'accorde en genre et en nombre avec le nom :

J'ai entendu des abeilles *bourdonnant* (qui faisaient
l'*action* de *bourdonner*) sur les fleurs.

Ici, le mot *bourdonnant* est un *participe présent,* et,
comme tel, il est invariable.

Des animaux ailés, *bourdonnants,* un peu longs.

Ici, le mot *bourdonnants,* qui exprime une *qualité,*
une *manière d'être* des insectes, est un *adjectif verbal,* et, dès lors, il est *variable* et s'accorde en genre
et en nombre avec le sujet *animaux.*

PARTICIPE PASSÉ.

Sous quelles formes se présente le *participe passé ?*

115. Le participe passé se présente sous trois formes différentes :

1° Sans auxiliaire : image **adorée**, enfants **aimés;**

2° Joint à l'auxiliaire *être* : ils **sont** partis, je **serais** puni;

3° Joint à l'auxiliaire *avoir* : j'**ai** reçu, elles **ont** écrit.

Quelle est la règle d'accord du participe passé employé sans auxiliaire ?

116. Le participe passé employé sans auxiliaire s'accorde en genre et en nombre avec le nom auquel il se rapporte : un temple *détruit*, des temples *détruits;* une famille *estimée*, des familles *estimées*.

Quelle est la règle d'accord du participe passé joint à l'auxiliaire être ?

117. Le participe passé joint à l'auxiliaire *être* s'accorde en *genre* et en *nombre* avec le sujet du verbe : les *fruits* sont *cueillis ;* les *vignes* sont *taillées ;* Pierre et *Paul* seront *récompensés.*

Quelle est la règle d'accord du participe passé joint à l'auxiliaire avoir ?

118. 1° Le participe passé joint à l'auxiliaire *avoir* s'accorde avec le *complément direct* s'il en est *précédé :*

La jeune fille *que* j'ai **rencontrée** était bien votre sœur. Les lettres *qu'il* a **reçues** lui ont fait grand plaisir. Vos journaux, vous *les* avez **reçus.**

Les participes passés *rencontrée, reçues,* etc., s'accordent avec leurs compléments directs, le pronom relatif **que** mis pour *laquelle* jeune fille, *lesquelles lettres,* et comme ces compléments précèdent le participe, il y a *accord.*

2º Le participe passé joint à l'auxiliaire *avoir* reste invariable si le complément direct est *après :*

Mon frère a **reçu** = *une lettre ;*

Mes sœurs ont **vu** = *votre mère ;*

Ils ont **repoussé** = *les ennemis ;*

ou s'il n'y en a pas :

Ils ont **travaillé.**

Vous avez **étudié.**

Quelle est la règle d'accord du participe passé dans les verbes pronominaux ?

119. Le participe passé des verbes pronominaux suit la règle d'accord du participe passé conjugué avec *avoir.*

Il *varie* si le complément direct le *précède :* Je **me** suis **blessée ;** elle **s'**est **flattée.** Comme les pronoms *me, se,* précèdent le participe, celui-ci est *variable.*

Sinon, il reste invariable :

Elles se sont **blessé**=*le doigt.* Comme les mots *le* **doigt** *suivent* le participe, celui-ci reste *invariable.*

Quelle est la règle d'accord du participe passé des verbes impersonnels ?

120. Il reste *invariable,* parce que ces verbes, fussent-ils dérivés d'un verbe actif, abandonnent le sens *actif* pour prendre le sens *neutre,* et que le participe n'a pas alors de complément direct : les temps pluvieux qu'il y a **eu** ; les grands froids qu'il a **fait.**

CHAPITRE VII

DE L'ADVERBE

Qu'est-ce que l'adverbe?

121. L'*adverbe* est un mot *invariable* qui sert à modifier :

1º Un verbe : *Il agit* **sagement.**

2º Un participe : *Il est* **très** *estimé.*

3º Un adjectif : *Dieu est* **souverainement** *juste.*

4º Un autre adverbe : Il *arrive* **bien** *tard.*

A quoi équivaut un adverbe terminé en *ment* ?

122. L'adverbe terminé en *ment* équivaut à la préposition *avec*, accompagnée d'un nom. Ex : il agit *sagement* équivaut à : il agit *avec sagesse.*

Dans quel sens l'adverbe modifie-t-il le verbe ?

123. Dans le sens de l'**interrogation** : *combien? quand? comment?* de l'**affirmation** : *oui, vraiment;* de la **négation** : *non, ne, ne pas,* etc.

Citez les principaux adverbes.

124. Les principaux adverbes sont :

Auparavant,
Ensuite,
Puis,   qui marquent l'*ordre*, le *rang.*
Après,
Enfin,

Où,   Dessous,
Ici,   Devant,
Là,   Derrière,   qui marquent le *lieu.*
Dessus,   Loin,

Aujourd'hui,
Hier,
Demain,
Souvent,   } qui marquent le *temps*.
Toujours,
Jamais,

Assez,
Peu,
Beaucoup,
Tout,   } qui marquent la *quantité*.
Entièrement,
Encore,

REMARQUE. **Là** adverbe de lieu, prend l'accent grave et se distingue ainsi pour l'orthographe de **la**, article féminin singulier, et de **la**, pronom personnel : C'est **là** qu'il faut aller.

Qu'est-ce qu'une locution adverbiale ?

125. Une *locution adverbiale* est un assemblage de mots qui modifient un verbe, un adjectif ou un autre adverbe : *en vain, depuis peu, en bas,* etc.

CHAPITRE VIII

DE LA PRÉPOSITION

Qu'est-ce que la préposition ?

126. La préposition est un mot *invariable* qui marque le rapport qui existe entre deux mots ou deux idées qu'elle unit : 1° le livre **de** Pierre.

De, préposition, marque le rapport qui existe entre les deux mots : *livre* et *Pierre*.

2° Le feu vient de prendre **à** la maison voisine.

A, préposition, marque le rapport qui existe entre cette idée, *le feu vient de prendre*, et cette autre idée, *la maison voisine*.

Quels sont les principaux rapports que sert à marquer la préposition ?

127. La préposition sert à marquer :

1° Un rapport de *tendance* : je vais **à** la ville.

2° Un rapport d'*éloignement* : je viens **de** la ville.

3° Un rapport d'*opposition* : il marcha **contre** les ennemis.

4° Un rapport de *supériorité* : Paul l'emporte **sur** Pierre.

5° Un rapport de *lieu* : je suis **dans** la ville.

6° Un rapport de *temps* : j'arriverai **avant** lui.

7° Un rapport de *cause* : il travaille **pour** moi.

Citez les principales prépositions.

128. Les principales prépositions sont :

à	contre	en	parmi
après	dans	entre	pendant
avant	de	envers	pour
avec	depuis	outre	sur
chez	durant.	par	

Qu'est-ce qu'une locution prépositive ?

129. Une *locution prépositive* est un assemblage de mots qui font l'office d'une préposition : *autour de, loin de, près de, quant à*, etc.

REMARQUE. **En**, préposition, se distingue de **en** pronom, en ce que celui-ci n'a pas de complément et signifie *de lui, d'elle, de cela* : vous lui *en* parlerez (*de* cela).

CHAPITRE IX

DE LA CONJONCTION

Qu'est-ce que la conjonction ?

130. La conjonction est un mot *invariable* qui marque le rapport qui existe entre les mots ou les propositions qu'elle *unit :* Pierre *et* Paul. **Et,** conjonction, marque un rapport et sert comme de lien entre les deux mots : Pierre, Paul.

La conjonction unit encore :

Un adjectif à un autre adjectif : Dieu est **juste** *et* **bon.**

Un membre de phrase à un autre membre de phrase : Vous serez récompensé **si** vous êtes docile.

Citez les principales conjonctions.

131. Les principales conjonctions sont : *car, cependant, comme, donc, et, lorsque, mais, ni, ou, quand, quoique, soit, si,* etc.

Qu'est-ce qu'une locution conjonctive ?

132. Une *locution conjonctive* est un assemblage de mots qui font l'office d'une conjonction :

De même que	*pour que*	*tandis que*
parce que	*soit que*	*vu que*

Quelle différence y a-t-il entre **où** adverbe et **ou** conjonction ?

133. *Ou*, adverbe, prend un accent grave (*où*) ; *ou*, conjonction, n'en prend pas : **Où** est Pierre. — Pierre **ou** Paul.

CHAPITRE X

DE L'INTERJECTION

Qu'est-ce que l'interjection ?

134. L'interjection est un mot *invariable* qui sert à marquer par lui seul et sans le secours d'aucun autre mot les différents mouvements de l'âme.

Citez les principales interjections.

135. Ce sont : *bien ! bravo ! ah ! hélas ! holà ! ho ! oh ! fi ! ça ! courage !* etc.

CHAPITRE XI

DE L'ANALYSE GRAMMATICALE

Que faut-il entendre par analyse grammaticale ?

136. *Analyser* une phrase et les mots qui la composent, c'est ce qu'on appelle *analyse grammaticale.*

MODÈLE D'ANALYSE GRAMMATICALE.

« Miltiade, par son courage invincible, rendit à la Grèce

entière, au combat de Marathon, sa liberté déjà presque
détruite. »

Miltiade,	nom propre masc. sing., sujet du verbe *rendit.*
par	préposition.
son	adjectif possessif masc. sing., détermine *courage.*
courage	nom commun masc. sing., forme avec la préposition *par* le 1er complément circonstanciel de *rendit.*
invincible,	adjectif qualificatif masc. sing., qualifie *courage.*
rendit (pour *fut rendant*)	verbe actif, 3e pers. du sing. du passé défini, 4e conjugaison.
à	préposition.
la	article simple fém. sing., indique que le mot *Grèce* est pris dans un sens déterminé.
Grèce	nom propre de pays, fém. sing., forme avec la préposition *à* le complément indirect du verbe *rendit.*
entière,	adjectif qualificatif fém. sing., qualifie le mot *Grèce.*
au	article contracté mis pour *à le*, détermine *combat.*
combat	nom commun masc. sing., mis en rapport avec le mot *Marathon* par la préposition *de.*
de	préposition, marque le rapport qu'il y a entre *combat* et le lieu où il s'est livré.
Marathon,	nom propre de pays, masc. sing., forme avec les mots *au combat* un 2e complément circonstanciel de *rendit.*
sa	adjectif possessif fém. sing., détermine *liberté.*
liberté	nom commun fém. sing., complément direct de *rendit.*
déjà	adverbe de temps, modifie *détruite.*
presque	adverbe, modifie également *détruite.*
détruite.	participe passé passif, fém. sing. du verbe actif *détruire*, 4e conjug., détermine *liberté.*

CHAPITRE XII

DES SYNONYMES, DES HOMONYMES ET DE LA PONCTUATION

Qu'appelle-t-on synonymes ?

137. Ce sont deux ou plusieurs mots qui, différents par la forme, expriment le même sens et peuvent être employés indistinctement l'un pour l'autre.

Citez quelques synonymes.

138. Tels sont : *cap* et *promontoire* ; *hypothèse* et *supposition* ; *immortel* et *impérissable* ; *péninsule* et *presqu'île* ; *vaillant* et *courageux*, etc.

Qu'appelle-t-on homonymes ?

139. Ce sont des mots qui se prononcent de même en s'écrivant différemment :

Ancre, encre.
Cours (lieu de promenade), — *cour* (espace découvert).
Mer, — *mère,* — *maire.*
Port (abri pour les vaisseaux), — *port* (manière de se tenir en marchant).
Livre (poids), — *livre* (qu'on lit).
Neuf (chiffre), — *neuf* (nouveau).
Coin, — *coing* (fruit du coignassier).
Chêne (arbre), — *chaine* (lien).
Lait, — *laid,* — *lé* (d'une étoffe), — *legs,* — *laie* (femelle du sanglier).
Sceau, — *seau,* — *saut,* — *sot.*
Statue, statut (règlement).
Tante, — *tente.*
Ver, — *verre,* — *vers,* — *vert.*
Voie, — *vois* (imp. du verbe *voir*), *voix.*

Qu'appelle-t-on majuscules ?

140. On appelle majuscules des lettres plus grandes que les autres qui entrent dans le mot : Cologne, Versailles, Charles, le Midi.

On commence par une lettre majuscule :

Le premier mot d'une phrase, d'un vers ou d'un paragraphe.

Les noms *propres* (d'hommes, de pays, de villes, de fleuves, de montagnes, etc.)

Certains autres noms (établissements, êtres moraux personnifiés) : Hospice, Collége.

Qu'est-ce que la ponctuation et quels sont les signes de ponctuation ?

141. La *ponctuation* sert à marquer les pauses ou repos que l'on doit faire en lisant et en parlant.

Les signes de ponctuation sont :

1° La *virgule* qui sert à séparer les divers membres de phrases ou même de simples mots (adjectifs, verbes) ;

2° Le *point virgule* qui sépare les propositions ayant une certaine étendue, et qui s'unissent l'une à l'autre pour compléter le sens ;

3° Les *deux points* qui précèdent une énumération ou une citation ;

4° Le *point* qui annonce un sens fini ;

5° Le *point interrogatif*, qui se met à la fin d'une phrase qui exprime l'idée d'une interrogation ;

6° Le *point exclamatif*, qui se met à la fin d'une phrase qui exprime un sentiment d'admiration, de douleur, d'étonnement ou même d'ironie.

TABLE

Paris. — Imp. Viéville et Capiomont, rue des Poitevins, 6.

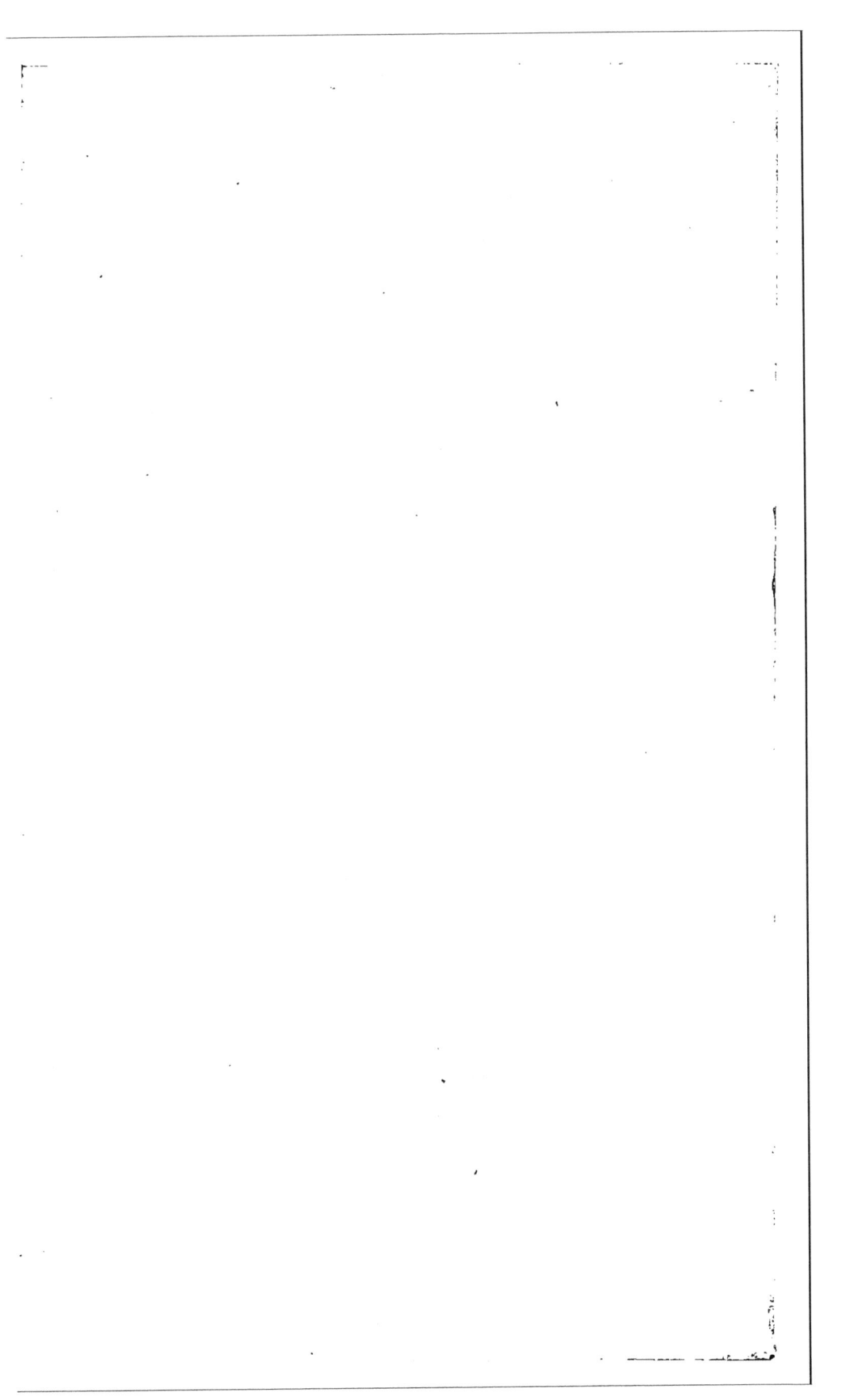

www.ingramcontent.com/pod-product-compliance
Lightning Source LLC
Chambersburg PA
CBHW070946280326
41934CB00009B/2023